L'ENTERREMENT

DE

LA CHAMBRE

L'EXÉCUTEUR DES HAUTES ŒUVRES. — SON CONFIDENT. — L'OPINION PUBLIQUE. — L'ARCADIEN. — LE CANDIDAT.

PRIX : **25** CENTIMES.

PARIS

ARMAND LE CHEVALIER, ÉDITEUR

61, RUE DE RICHELIEU, 61

1870

2142 RENOU ET MAULDE

L'ENTERREMENT

DE

LA CHAMBRE

L'EXÉCUTEUR DES HAUTES ŒUVRES. — SON CONFIDENT. — L'OPINION PUBLIQUE. — L'ARCADIEN. — LE CANDIDAT.

L'EXÉCUTEUR DES HAUTES ŒUVRES.

Avant de recevoir ces Messieurs, je voudrais, mon cher Emile, arrêter avec vous mon plan de conduite. Il fut un temps où vous aviez une idée par jour, et je vous serais obligé, s'il y a moyen de m'avancer de vingt-quatre heures celle de demain. Je suis aussi satisfait du Prince qu'un ministre peut l'être. Après m'avoir donné carte blanche à l'effet de renouveler son mobilier qui était passé de mode, il n'est pas revenu comme il était naturel de le craindre sur sa première détermination, et n'a point engagé de ces chicanes de détail qui paralysent trop souvent les résultats de la victoire. Il n'a réclamé ni pour la décoration des appartements que nous pouvons teinter de bleu, de blanc ou de rouge, ni pour la causeuse et les pliants dont il se servait. Je voudrais faire descendre du grenier au salon le fameux canapé que je n'éprouverais de sa part aucune difficulté. Il est devenu d'une indifférence absolue en matière d'ameublement. Il est lui-même une sorte de souverain à tiroirs, prêt à livrer successivement, à qui sait lui prendre sa clef, les différents systèmes qui sont classés dans ses cartons. Nous avions vidé déjà

celui qui contient l'Empire autoritaire, et nous ouvrons maintenant
le carton libéral, après avoir hésité quelque peu devant le carton
numéro trois, où se trouve comme en cas toute une pharmacie so-
ciale, plus propre à tuer ceux qui se portent bien qu'à guérir un
malade. — Mon embarras viendrait au contraire du nombre d'adhé-
sions que je rencontre. Le corps humain n'est pas comme la conscience infiniment compressible, et pas plus que la conscience l'édi-
fice du Pouvoir ne peut se dilater à l'infini pour recevoir ceux du
présent, de l'avenir et du passé. Quand je vois se tendre vers moi
toutes ces mains qui m'applaudissent, j'éprouve la sensation d'un
bourreau que ses victimes entoureraient de leurs sympathies les
plus vives en lui prodiguant des conseils d'hygiène, des souhaits de
vie longue et prospère, et qui ne saurait, désarmé de sa colère, où
porter ses coups devant ces témoignages d'affection.

LE CONFIDENT.

Si vous ne vous défaites pas de cette sensibilité, vous verrez
bientôt ce qu'il en adviendra de votre mobilier, et comme ils auront
vite fait de le mettre hors d'état. Ils s'asseyront dessus de manière
à fausser les ressorts, à rendre les réparations nécessaires, à reve-
nir au premier modèle et au tapisssier de la veille. Ils rétabliront
ainsi le logis comme il était, et l'âme d'hier rentrera dans un corps
dont vous ne l'aurez pas chassée.

L'EXÉCUTEUR.

Ces sortes d'expropriations pour cause d'utilité publique ne se
font pas du jour au lendemain, et l'on ne congédie pas des gens
qui, depuis dix-huit ans, sont dans l'habitude de gérer nos affaires,
sans leur indiquer un autre genre d'occupation.

LE CONFIDENT.

Sans doute, mais la question est précisément de savoir s'ils sont expropriés. On n'exproprie les gens que de leurs propriétés. Or, vous ne pensez pas que la France soit la propriété des fonctionnaires. Que diriez-vous d'un médecin qui demanderait à son malade de le garder jusqu'à ce qu'il ait trouvé un autre malade ; d'un gérant qui, après avoir ruiné à demi une première entreprise, prétendrait ne lâcher sa place que quand on aurait fourni, sans solution de continuité, un second théâtre à son savoir faire? Nous ferions donc en France ce que nous avons tout fait pour abolir en Europe. On ne parque plus, on ne distribue plus les peuples dans les traités. La diplomatie ne dispose pas des nations sans les consulter, et nous, nous traiterions l'administration répudiée comme sous l'ancien régime on traitait les princes dépossédés. Nous lui donnerions comme fiche de consolation des départements, des institutions, des hommes !

L'EXÉCUTEUR.

Je trouve en effet singulier qu'on prétende conserver, dans des positions aventureuses et brillantes, cette sécurité absolue, qui dans les autres carrières est la récompense naturelle et comme la compensation légitime d'un traitement modeste et d'une influence effacée.

Il faut donc s'y résigner. Je vais essuyer leurs cris comme j'ai déjà subi leur tendresse.

LE CONFIDENT.

A votre place, je m'en remettrais sur eux du soin de s'entre-détruire. Ils ne peuvent pas vous refuser ce service. Ce serait se révolter, et avant tout ils sont des hommes d'ordre. Qu'ils se jugent, qu'ils s'accusent, qu'ils se condamnent eux-mêmes. Qu'ils creusent eux-mêmes la fosse ou la majorité doit descendre, et que leur propre arrêt, hautement proclamé par eux, ne leur permette plus de prouver que par le cri fameux :

Ave, Cesar, morituri te salutant,

leur dévouement aux institutions qui nous régissent et leur amour de l'ordre et du progrès.

L'EXÉCUTEUR.

Mais vous oubliez le groupe des Cinq dans votre revue du passé.

LE CONFIDENT.

Je ne les oublie pas. Ils sont au-dessus et en dehors de ces débats.

L'EXÉCUTEUR.

Vous parlez par énigmes.

LE CONFIDENT.

Je vais parler par paragraphes.

Ils ont commencé le mouvement, ils l'achèveront.

Mais entre la politique d'hier et celle de demain il y a l'heure présente où s'agitent obscurément le Quarante-Cinq, le Cent-Seize et les autres.

Ils me représentent trois prétendants qui feraient la cour à la même femme, mais auraient été assez maladroits pour manquer le train qui conduit chez elle, les uns de cinq minutes, les autres de dix et les autres de vingt.

Ils adresseraient alors à leur maîtresse des télégrammes ainsi conçus :

« Je suis arrivé le premier. »

« Je suis arrivé le second. »

« J'étais en gare presque aussitôt que les deux autres. »

Il me semble que la France, pour peu qu'elle ait de fierté, doit leur répondre :

« Vous n'êtes pas arrivés. N'arrivez plus. Ce soir même la place est prise. »

Mais voici le moins en retard de ces messieurs.

L'ARCADIEN.

Mes sincères compliments; vous avez entrepris une œuvre difficile et vous la menez vivement.

L'EXÉCUTEUR.

Un des douze travaux d'Hercule. Le moins brillant, le plus utile,

L'ARCADIEN.

Augias a bien fait. Il n'y avait qu'un cri là-dessus. Il se déconsidérait par la manière dont il tenait sa maison, mais à propos de tenue de maison, il faudrait que l'huissier de service fût plus au courant qu'il ne l'est des choses et des hommes de la Politique, et qu'il ne mêlât point, par exemple, le Quarante-Cinq et l'Arcadie. Il importe que cette confusion ne s'établisse pas dans l'esprit du public, et je suis bien décidé, si elle se renouvelle, a réclamer au procès-verbal de toute mon énergie.

L'EXÉCUTEUR.

Ainsi vous étiez des Quarante-Cinq.

L'ARCADIEN.

Les annales du *Moniteur* le prétendent. Ce sont mes titres de noblesse.

L'EXÉCUTEUR.

Si l'on pouvait séparer l'ivraie du bon grain.

L'ARCADIEN.

Echeniller la Chambre, et sans la dissoudre la renouveler à partir des Quarante-Cinq, savez-vous que politiquement parlant il ne serait pas alors si maladroit d'écarter les Cinq. Une fois que nous supprimons le poids mort, à quoi servent-ils ? à fausser la balance en chargeant l'un des plateaux, à rompre l'équilibre, centre gauche où la France doit se fixer.

L'EXÉCUTEUR.

Eh bien ! préparez-nous des lois qui soient la condamnation de cette majorité qui nous compromet ; un fossé assez large pour qu'elle ne puisse le franchir sans s'abîmer au milieu et disparaître. Je vous charge de cette partie de l'enterrement.

Le temps de votre audience est terminé.

L'ARCADIEN.

Je vois venir le Cent-Seize, noblesse nouvelle ; ne lui dites pas que je fais son lit.

L'AUTRE ARCADIEN.

Le Quarante-Cinq m'a prévenu près de Votre Excellence. C'est un intrigant qui se pousse et part avant le signal. Mon concours est d'autant plus assuré qu'il est plus réfléchi.

L'EXÉCUTEUR.

J'ai besoin de tous les genres de dévouement.

L'ARCADIEN.

Je ne demande qu'à prouver le mien.

L'EXÉCUTEUR.

Il ne faut pas qu'il y ait de malentendus. Il s'agit de réformes.

L'ARCADIEN.

Elles sont indispensables.

L'EXÉCUTEUR.

Le rôle de Curtius a souvent tenté des citoyens généreux. Nos pères qui avaient fait 89 ont cru devoir à la Patrie le sacrifice de leurs personnes. Ils voulurent des mains sans tâche pour exécuter ce qu'avait conçu leur pensée. Ils se sont jetés dans le goufre, mais ils l'ont comblé. Les générations ont retenu leurs noms. — Croyez-vous que l'on puisse compter encore sur de pareils sacrifices, ou qu'ils appartiennent seulement à l'histoire de la République?

LE CONFIDENT.

Monsieur voudrait savoir si ceux qui n'ont été ni Quarante-Cinq, ni Cent-Seize, comprendront l'embarras que cause leur concours et se décideront d'eux-mêmes à se retirer.

L'ARCADIEN.

Non, si l'on n'aide à leur chute et si l'on ne facilite leur sortie. Ils manquent d'initiative et de résistance. Ils suivent le mouvement et, chose étrange, ils nous contraignent même de l'accélérer par la nécessité où nous sommes de nous distinguer d'eux et de garder notre avance.

L'EXÉCUTEUR.

Allez vous entendre avec le Quarante-Cinq, il vous donnera mes instructions et vous travaillerez avec lui.

L'ARCADIEN.

Que fait-il?

L'EXÉCUTEUR.

Des lois qui sont vraiment la tombe de ses collègues, leur exé-cution morale.

L'ARCADIEN.

C'est parfait. Le mot de passe?

L'EXÉCUTEUR.

Liberté!

L'ARCADIEN.

Du moment que c'est le mot d'ordre, il deviendrait séditieux de le discuter.

L'EXÉCUTEUR.

Y a-t-il du monde encore?

LE CONFIDENT.

Sans doute, le candidat et le Cent-Seize complémentaire.

L'EXÉCUTEUR.

Combien sont-ils ?

LE CONFIDENT.

Le Cent-Seize toute la Chambre, le Candidat toute la France.

L'EXÉCUTEUR.

Faites entrer d'abord l'Opinion publique.

LE CANDIDAT, *qui pousse la porte, et* LE CONFIDENT, *qui la barre.*

La disso... — Non, Monsieur... — lution!... — Vous n'entrerez qu'après... — La disso... — Madame... — lution !

L'EXÉCUTEUR.

Fermez cette forte, on n'entend rien. Voilà ce que c'est que de consulter l'Opinion. Elle a cent bouches qui bredouillent en même temps des ordres différents, et l'on veut qu'elle soit la reine du monde !

LE CONFIDENT.

Non, l'Opinion n'a point parlé. C'est le Candidat qui s'est précipité tout d'abord, en me demandant par deux fois la dissolution, pendant que je lui disais : Non, monsieur, vous ne passerez qu'après madame.

L'EXÉCUTEUR.

Faites entrer l'Opinion.

LE CONFIDENT, *qui barre la porte*, et LE CANDIDAT, *qui la pousse.*

Non, monsieur... — La disso... — Vous ne passerez qu'après...
— lution ! La disso... — Madame... — lution !

L'EXÉCUTEUR.

Dites au Candidat qu'il n'entrera pas du tout, s'il montre tant d'inconvenance et d'empressement. Qu'il aille plutôt surveiller le Quarante-Cinq et le Cent-Seize, et me rende compte de leur travail.

Ah ! madame l'Opinion, que de peine l'on se donne pour vous plaire, que l'on a de mal à vous rencontrer, et qu'il est quelquefois difficile de vous comprendre.

L'OPINION PUBLIQUE.

Tu parles de moi comme fait le vulgaire, et cependant ni pour ton confident ni pour toi je ne suis une étrangère. Il a une manière logique de m'appeler, à laquelle je ne sais pas résister, et j'arrive d'ordinaire le lendemain au rendez-vous qu'il m'a donné la veille, à moins qu'il ne l'ait déjà quitté pour suivre ma sœur le paradoxe qui a aussi une manière logique de s'appeler. Sa pensée flotte d'elle à moi, comme le tombeau de Mahomet entre les deux aimants qui le maintiennent, entre le possible et le rêve.

LE CONFIDENT.

Il est vrai que vos inconséquences me révoltent.

L'OPINION

Je suis à prendre ou à laisser. Quant à votre Excellence...

L.'EXÉCUTEUR.

Permettez-moi, madame, de vous rappeler à la question. Vous parlerez de moi quand les affaires seront terminées, et s'il nous reste du temps.

L'OPINION.

Quant à vous, vous êtes tout simplement un homme de talent et de cœur, il n'est guère de sottises que je n'aie colportées sur votre compte, et que je n'aie eu le droit d'abord d'accepter pour véritables, en mesurant votre conduite à la mesure ordinaire. Mais quand vous avez formé un cabinet qui a pu dire de lui-même : « Je suis composé d'honnêtes gens », sans prêter à rire, sans qu'il y eût moyen de réclamer et d'aller contre, de quel côté qu'on le tournât, alors l'étrangeté d'un tel spectacle m'a prouvé que j'étais femme et je n'ai pu m'empêcher de vous aimer pour la surprise que vous nous causez.

LE CONFIDENT.

Heureux qui donne à sa patrie un étonnement de ce genre, vous avez mieux fait que de couper la queue du chien d'Alcibiade.

L'OPINION.

C'est la grande manière d'opérer.

L'EXÉCUTEUR.

Vous êtes ministérielle ?

L'OPINION.

J'ai tout fait pour ne pas l'être, mais je n'ai pas réussi et je m'avoue ministérielle.

L'EXÉCUTEUR.

Et vous êtes dynastique, je l'espère ?

L'OPINION.

Je suis un peu comme ces gens qui ne sont pas catholiques et qui défendent cependant le pouvoir temporel. Je soutiens plutôt le cabinet que le systéme.

L'EXÉCUTEUR.

Je fais des réserves, mais que faut-il à présent ?

L'OPINION.

Continuer, aller jusqu'au bout.

L'EXÉCUTEUR.

S'ils se repentent et reviennent aux saines traditions des gouvernements libres, si brûlant ce qu'ils ont adoré ils adorent ce qu'ils ont brûlé, sont-ils condamnés à se tromper éternellement parce qu'ils se sont trompés pendant dix-huit ans?

L'OPINION.

Ça compte dans la vie d'un homme seul, et c'est là un joli commencement d'habitude, qui peut passer pour une habitude prise ou pour une habitude qui vous a pris. Cependant, ils peuvent se repentir. C'est le droit de l'homme, celui de la femme, il est imprescriptible. Seulement, si Madeleine se repent et qu'elle ne rende pas ses bijoux, et qu'elle s'obstine à les garder, elle me rappelle trop son ancien métier pour que je croie à la sincérité de ses larmes. S'ils blâment enfin les procédés qui les ont fait naître, qu'ils cessent au moins d'en profiter. Mais déclarer, comme on s'y résigne, que les armes n'étaient pas égales, et qu'ils garderont cependant l'enjeu de la partie jusqu'à l'expiration de leur mandat, c'est une déclaration qui n'a point cours, une monnaie dont on ne se paie pas en France. L'or de la volonté nationale est si visiblement altéré par le ridicule et l'odieux de de l'alliage, qu'il ne trompe que ceux qui veulent être trompés, et je suis, quant à moi, systématiquement décidée à le refuser jusqu'à la refonte générale.

L'EXÉCUTEUR.

Je me suis dit à moi-même ce que vous me dites, madame, et pendant que vous dissipez mes dernières hésitations, le Quarante-Cinq et le Cent-Seize préparent l'enterrement des candidatures officielles. Quand la fosse sera creusée, ils y descendront en vertu du proverbe : « Comme on fait son lit on se couche. » Mais je n'ai vu ni la queue des Cent-Seize ni le Candidat avec lesquels vous vous êtes entretenue une partie de la matinée.

L'OPINION.

Ils étaient, je l'avoue, aussi déplaisant l'un que l'autre. Le Candidat n'a cessé de crier : « La dissolution ! » et m'aurait peut-être détourné de te la demander, s'il n'avait été, malgré tout, dans la vérité du principe, et si le *de cujus* n'avait défendu sa succession par les arguments les plus misérables.

Il en est un surtout que j'ai retenu et qui fait rire ou pleurer, selon la tournure d'esprit que l'on a. En ma qualité d'être tout le monde, je pleure et je ris rien qu'à le raconter.

« Si le ministère n'est pas la représentation de la Chambre, et s'i

est en effet la représentation du pays, il nous suffit d'adopter ses convictions pour devenir aussitôt la représentation du pays.

« Étant donné, ces deux mensonges, nous en ferons une vérité parlementaire.

« Si le ministère n'est pas viable, nous serons demain ce que nous étions hier, et nous rentrerons de plain-pied dans nos habitudes. »

L'EXÉCUTEUR.

Mais c'est la révolution du mépris que nous préparent ces sortes d'habiletés.

L'OPINION.

Je le trouve bien un peu.

L'EXÉCUTEUR.

Que faire, si nous en sommes à ce point de décomposition morale ?

L'OPINION.

Mettre dans les institutions la justice et l'honneur qui ne se rencontrent qu'exceptionnellement dans les hommes.

L'EXÉCUTEUR.

Mais si les élections m'amenaient une majorité tellement avancée.... ?

L'OPINION.

Est-ce que cela te regarde ? Quelle est la loi des lois ? La volonté du pays. Quels sont les crimes irrémissibles ? La violence, la ruse, l'hypocrisie que l'on oppose à ses manifestations spontanées, les pierres que l'on dispose sur sa route, l'obscurité que l'on étend

aütour d'elle pour qu'elle trébuche dans la nuit. Enlève l'obstacle et laisse aller où elle voudra, à droite comme à gauche, en arrière si elle le veut, en avant si elle l'ose, la seule reine que reconnaisse le monde moderne, moi, l'Opinion.

L'EXÉCUTEUR.

Vo is avez causé avec les députés des grandes villes, et voilà que v us pensez comme eux sur le pouvoir constituant et sur l'hérédité de l'exécutif.

L'OPINION.

Tu n'as pas à deviner ma pensée de demain, et je te trouve indiscret de me demander ce qu'elle sera avant qu'elle ne soit. Pour ceux qui vont mourir, comme pour ceux qui vont naître, il importe que la carte que je vais tourner, dame de pique ou valet de carreau, l'Empire ou la République, s'impose aux volontés particulières, avec l'évidente autorité de la volonté du plus grand nombre, et que la sincérité soit faite autour de l'urne où se joue maintenant la destinée des nations.

Allume le gaz; frappe les trois coups.

Eh bien ! Monsieur le Candidat, vous voilà déjà de retour? Avez-vous surveillé comme il convient le zèle de ces messieurs ?

LE CANDIDAT.

Ils ont fait de la belle ouvrage ! Ils prétendent que la dissolution n'est plus nécessaire, et qu'excepté dans la première circonscription de la Seine, on ne doit pas mettre en suspicion le jugement des électeurs. Ils ont expulsé Rochefort, mais ils sont prêts à prendre la suite de ses affaires et à les mener aussi loin que l'on voudra

Ils se pressent sur mes pas; ils m'ont volé mon programme; ils m'auront bientôt rejoint; ils sont méconnaissables.

L'OPINION.

Je les reconnais bien là.

L'EXÉCUTEUR.

Et la fosse qu'ils devaient creuser?

LE CANDIDAT.

Ils l'ont comblée avec une infinité de projets de loi. Je n'ai vu qu'un commencement de montagne autour de laquelle ils répétaient : l'union fait la force. Ils vont vous étourdir de leur zèle, vous circonvenir de leur enthousiasme comme le phoque du jardin d'acclimatation au gardien qui lui donne son pain de chaque jour, ils disent déjà en parlant de Votre Excellence et d'un accent presque convaincu...

LA VOIX DE L'ARCADIEN.

Papa.

L'EXÉCUTEUR.

Ouf!

L'OPINION.

Adieu, Brutus.

Fin du compte-rendu parallèle de la séance du 24 février 1870 par V. DE LANGSDORFF, *avocat.*

2142 Paris. — Imprimerie Renou et Maulde, rue de Rivoli, 144.